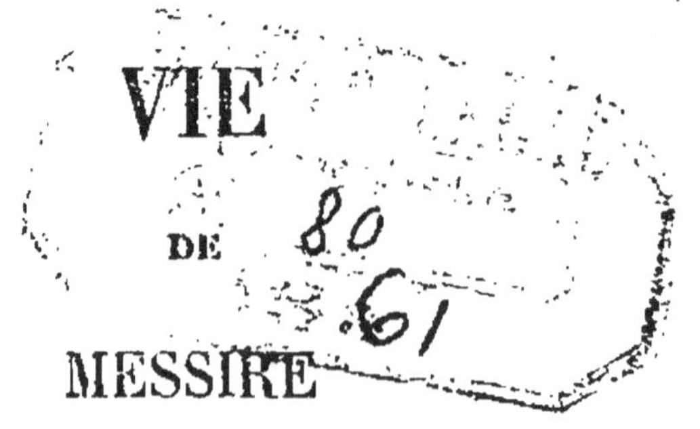

VIE

DE

MESSIRE

ALEXANDRE MARTIN

FONDATEUR

DE LA CHAPELLE ET DE LA MAISON

DE

NOTRE-DAME-DE-SAINTE-GARDE-DES-CHAMPS.

AVIGNON

SEGUIN AINÉ, IMPRIMEUR-LIBRAIRE
rue Bouquerie, 13.

1861

St-Didier est un petit village qu'on dirait détaché des parties riantes de la Suisse. A 5 kilomètres au levant de Pernes, et à 7 kilomètres de Carpentras, en se dirigeant vers les montagnes ondulées derrière lesquelles se cache le désert de Saint Gens, il est assis à l'entrée d'un vallon couvert de prairies, et arrosé par des eaux limpides. Perché au fond comme un nid d'aigle, le Beausset le regarde du haut de son château découronné ; à sa droite, sur l'humble colline consacrée à Marie, une maison sainte qui, à travers ses vicissitudes et ses glorieuses transfigurations, conserve les traces de son origine miraculeuse, le couvre de son ombre, de ses souvenirs et de son prestige.

Ste-Garde l'annonce de loin, et c'est le plus pur rayon de sa gloire. Au reste, de quelque point qu'on y vienne, on éprouve une impression de plaisir à voir d'abord sa flèche aérienne, puis ses maisons, puis le village tout entier sortir modeste du milieu des arbres qui lui forment une avenue digne des grandes cités.

Aussi la population qui l'habite et qui s'augmente chaque année se ressent-elle, dans sa vie morale surtout, de l'heureux concours de ces influences et de ces voisinages. Paroisse encore peu importante en l'année 1657, elle fut gouvernée séparément dès cette époque et jusqu'en 1703 par M. Alexandre Martin, qui en est regardé comme le premier curé, en même temps que le fondateur de la première maison de Ste-Garde. La vie de l'humble prêtre fut toujours exemplaire, et le souvenir de ses vertus se garde encore dans chaque famille comme une précieuse tradition : la mémoire du juste doit être éternelle. Ses restes, vénérés après sa mort, avaient été déposés dans la petite chapelle de Notre-Dame de Ste-Garde, élevée par le saint curé; ils furent plus tard transférés dans le sanctuaire d'une plus grande, bâtie sur l'emplacement de la première, et recouverts d'une pierre tumulaire portant cette épitaphe qu'on peut lire à la fin de sa vie : *Hic jacet*, etc. Le fait de cette translation nous est attesté par cette inscription gravée sur une plaque de plomb qui a été trouvée avec ses ossements : *Diruto s-tuario translata sunt ossa R. D. Alexan. Martin fundat. XXV jan. M. DCCXLVI.* Mais le 10 avril 1804, la chapelle de Ste-Garde ayant été destinée, comme tant d'autres après la tourmente, à un usage profane, et devant servir d'usine à une verrerie, ces précieux restes furent transportés par les habitants de St-Didier, qui se ressouvenaient toujours de l'homme de Dieu dans leur église paroissiale, et placés devant le maître-autel. Le revers de la plaque dont il est parlé plus haut porte en effet cette autre inscription : *Ossa R. D. Alexandri Martin translata sunt ab eccl. D^{nœ} nostræ à Sta Custodia in sanct. eccl. Die X april. anno M. D.CCCIV*. C'est là qu'ils ont été découverts, le 9 novembre 1846, en présence du curé actuel, des fabriciens et des principaux habitants de la paroisse, qui les ont reconnus et enveloppés dans une nappe en fil de chanvre, ficelée avec soin et scellée du sceau de la commune, comme l'atteste un procès-verbal où ont signé tous ceux qui étaient présents. Déposés alors provisoirement dans un placard soigneusement approprié de l'église, ils ont été enfin solennellement transférés, le 3 mars 1861, à la suite d'une mission, et au milieu de la plus grande pompe, dans la chapelle du Rosaire, que le bienheureux curé avait fait construire lui-même dans son église paroissiale. Sa tombe, creusée à droite dans l'épaisseur du mur, est recouverte d'une plaque en marbre avec l'ancienne inscription trouvée sur la pierre tumulaire qui a dû subir néanmoins une légère modification, et au lieu de ces mots qui n'indiquaient plus suffisamment la vérité : *Hujus primariæ domus fundator*, recevoir ceux-ci : *Primariæ domus à Sta Custodia fundator.*

La circonstance a semblé propice pour raviver dans nos contrées une mémoire qui n'y est point étrangère. M. Martin avait lui-même par ses prières, ses mortifications et son zèle ardent pour le salut des âmes préparé les voies, pendant 40 ans, à l'établissement de la communauté des missionnaires de Ste-Garde ; il avait été l'âme de toutes les merveilles qui s'y étaient faites jusqu'à sa mort ; et c'est pourquoi M. de Salvador, devenu le directeur de sa conscience, l'obligea à dresser lui-même comme une sorte de mémoire de tout ce qui lui était arrivé depuis sa plus tendre jeunesse. M. Martin obéit quoique avec répugnance , et avant de le remettre à son directeur, il le présenta à la Sainte Vierge par cette fervente prière : « Un des enfants de votre « sainte famille , ô très-puissante Mère « de Dieu, encouragé par tant de bien- « faits qu'il a reçus par votre interces- « sion en cette solitude , ose s'assurer « que vous recevrez favorablement le « récit qu'il en fait, et dans lequel il es- « père ne rien dire qui ne soit à votre « honneur, et qui ne tourne à celle de « Jésus, votre cher Fils, et à l'avantage de « ceux qui prendront la peine de le lire. « Favorisez ses desseins, obtenez-lui que « son esprit soit rempli de lumières , « afin qu'il ne marche point dans les té- « nèbres, et que son cœur soit embrasé « d'amour et de zèle pour la gloire de « votre nom. »

C'est sur ce mémoire qu'un ancien prêtre, missionnaire de Ste-Garde, a écrit sa vie et exposé ses pieux sentiments. Imprimée en 1761 à la suite de celle de M. de Salvador, elle est aujourd'hui devenue bien rare et n'est plus guère connue du public. On a cru le moment opportun d'en donner une nouvelle édition que les traditions religieusement conservées permettront d'augmenter de plusieurs faits inédits et en particulier de la relation faite par M. Bertet du miracle qui eut lieu à l'occasion de la première réunion des missionnaires dont il fut créé le premier Supérieur. Non-seulement les prêtres occupés du saint ministère, mais les fidèles de tous les rangs et de tous les sexes y trouveront un sujet d'édification et voudront aussi bien l'accueillir avec faveur.

VIE

DE

MESSIRE

ALEXANDRE MARTIN.

—

Dieu choisit ordinairement ce qu'il y a de faible pour confondre la force du monde, et il se plaît à donner aux petits, aux vrais pauvres d'esprit, cette sagesse qui est opposée à la prudence de la chair. Nous voyons l'accomplissement de ces oracles dans la personne de Messire Alexandre Martin, ce pieux curé, de la vie duquel nous donnons ici les principales actions. C'était comme ce grain de sénevé de l'Évangile, qui devait croître dans son temps, et former un arbre, sous les feuilles duquel bien des pécheurs devaient venir se mettre à couvert. Il lui fallut pour cela soutenir bien des épreuves. Aussi regarde-t-il en effet lui-même, après Job, la vie de l'homme comme un combat continuel sur cette misérable terre. *Militia est vita hominis super terram.* (Job. VII, 1.)

M. Alexandre Martin naquit à Robion, village du diocèse de Cavaillon, le 9 juin 1630, d'une honnête famille. Ses parents vivaient en cultivant leurs biens, sans jouir trop des commodités de la vie, contents cependant du peu qu'ils possédaient.

La peste ravageait alors toute la Province; le jeune Martin ayant perdu son père dans ce temps de calamité, son aïeul l'enleva dans son berceau, et le transporta au milieu des champs pour lui sauver la vie. Sa mère, ayant convolé à de secondes noces, l'avait comme abandonné. Son aïeule le fit conduire à Cavaillon ; elle le confia à un de ses proches parents, qui n'oublia rien, dans sa pauvreté, pour lui procurer une éducation chrétienne, et par elle-même, et par le crédit qu'elle avait auprès de M. de la Bordizière, évêque de cette ville. Le jeune Martin répondit parfaitement aux premières leçons de piété qu'il en reçut. Pénétré de la crainte de Dieu dès l'âge de sept ans, il eut surtout horreur de tout ce qui aurait pu blesser la modestie, et l'exposer à perdre son innocence. Cet enfant, tout jeune qu'il était, comprit combien il importait de profiter des conseils qu'il recevait pour le bien de son âme. Il bénit Dieu de l'avis salutaire que lui donna un jour une femme véritablement chrétienne. Elle

s'aperçut que Martin jouait avec sa petite fille à des jeux innocents : elle l'a-
vertit sérieusement qu'elle le trouvait
mauvais. Il ne fut pas nécessaire de réitérer cet avis ; il se retira modestement,
et en silence, et ce fut pour toute sa
vie une règle pour lui. « Belle leçon ,
« disait-il à cette occasion , pour les
« pères et les mères, qui doivent pren-
« dre grand soin que leurs filles ne
« fréquentent point la compagnie des
« garçons de leur âge, même les plus
« innocents. Les inclinations de la na-
« ture, ajoutait-il, ne sont pas toujours
« les mêmes : elles peuvent devenir
« mauvaises dans les fréquentations les
« plus innocentes avec un sexe diffé-
« rent. O bon Dieu ! que c'est une cho-
« se pitoyable qu'un enfant, dans un
« âge encore bien tendre , contracte
« quelque familiarité avec des jeunes

« gens plus avancés que lui ! » Martin s'y trouva un jour exposé en l'absence de ses parents, qui, ayant été obligés de faire un voyage, le confièrent à un de leurs voisins. Ce misérable osa solliciter le pauvre innocent à un grand crime ; mais l'amour qu'il avait conçu pour la sainte pureté, le rendit assez fort pour résister à ce suppôt du démon. Il en triompha par la grâce de Dieu ; et s'étant endormi bientôt après, il se vit dans un songe, comme environné de flammes et de démons, qui le menaçaient de l'emporter en enfer. « Oh ! que cet enfant,
« disait-il, tout jeune qu'il était, avait
« de grandes obligations à la divine Ma-
« jesté, qui lui inspirait sensiblement
« cette salutaire frayeur, pour conser-
« ver une innocence que tant d'autres
« du même âge que lui n'ont que trop
« le malheur de perdre ! »

Prévenu des bénédictions du Seigneur, Martin conçut un amour très-ardent pour Jésus-Christ souffrant, et un grand attrait pour la mortification. A peine avait-il atteint l'âge de neuf ans, qu'il jeûnait plusieurs jours de la semaine, au temps du carême, et tous les vendredis de l'année. Il savait se séparer de ses compagnons pour aller, dans un esprit de religion, visiter les oratoires des Mystères douloureux du Sauveur, en montant à l'ermitage de St-Jacques. Il y faisait des prières très-ferventes; et sa belle âme devenait par là toujours plus sensible aux souffrances de Notre-Seigneur. Rempli de ces sentiments, il arrivait au sommet de la montagne, pour y visiter la chambre dans laquelle le vénérable César de Bus s'était retiré après sa conversion. Plein de la bonne odeur de ce grand serviteur de Dieu, il revenait avec la même dévotion dans la maison de son père nourricier et de sa bonne gouvernante, toujours prêt à leur obéir en tout et partout.

Ces parents charitables n'ayant aperçu que de bonnes inclinations dans leur cher neveu ; apprenant d'ailleurs qu'il avait de l'esprit et qu'il serait capable de faire des progrès dans l'étude des sciences, n'oublièrent rien pour lui en faciliter les moyens. Ils obtinrent de M. de la Bordizière une place parmi les clercs destinés à servir M. l'Evêque, sous la direction d'un prêtre qui les nourrissait, et qui les élevait à la piété et aux sciences. C'était alors M. Brun, chanoine de la Cathédrale, qui avait bien voulu se charger de la direction de ces jeunes écoliers. Considérant les saintes dispositions de notre nouveau séminariste, il donna tous ses soins pour cultiver ses talents et lui inspirer une vertu solide. Il trouva dans le jeune Martin un esprit docile et un grand goût pour la piété, qui le portait à faire bien plus qu'on n'aurait osé en attendre à son âge ; puisque attentif aux instructions de son pieux et charitable directeur, il marquait dans un cahier ce qui lui paraissait de plus parfait et de plus profitable, et quoiqu'il n'eût encore que treize ans, il aimait à s'en occuper dans la retraite. Il avait dressé au plus haut étage de la maison une Croix, où il allait, avec beaucoup de religion, méditer les différentes circonstances de la Passion de Jésus-Christ. Là, retiré de la compagnie de ses condisciples, il se prosternait devant elle ; et pénétré de l'amour de ce Dieu souffrant, il déchirait sa chair innocente par de cruelles disciplines armées de pointes, en gémissant sur des péchés dont il était innocent.

La sagesse qui accompagnait ce jeune homme, lui méritait l'amour de son Directeur, et le rendait toujours plus digne de la protection de M. l'Evêque. On vit en lui tant de prudence et tant de bon sens, qu'on lui confia le soin de l'économie de la maison. On était persuadé que ce n'était point exposer à pécher un jeune homme, qui paraissait confirmé dans une vertu des plus solides et qui n'aurait jamais voulu manquer au moindre article de son règlement.

M. le chanoine Brun aurait bien souhaité l'avoir toujours auprès de lui pour l'instruction et l'édification des autres clercs ; mais M. de Fortias, qui avait succédé à M. de la Bordizière, dans l'Evêché de Cavaillon, informé du mérite du jeune Martin, lui conféra la tonsure et l'envoya à Carpentras, pour étudier les humanités au Collége des Jésuites. Ce jeune élève vint de là à Avignon, pour commencer son cours de philosophie.

C'était alors un temps de trouble, qui divisait tous les états de la ville; temps bien dangereux, où il était presque impossible à des jeunes gens d'éviter l'un ou l'autre parti. Mais la sagesse qui conduisait Martin dans toutes ses voies, lui fit éviter tous les piéges que des perturbateurs du repos public ne cessaient de tendre partout, pour y engager bien des innocents et les perdre.

Attentif à fuir tout ce qui aurait pu le détourner de son devoir, il n'était occupé que de ses exercices de piété et de l'étude des sciences propres à l'état qu'il avait embrassé. Il gagna par là le cœur de ses professeurs, qui lui rendirent tous les services dont ils étaient capables , pour l'aider dans sa pauvreté ; de façon qu'avec le peu de revenu qu'il percevait de sa famille, il acheva son cours d'étude ; après lequel il reçut le grade de bachelier en droit civil et en droit canon , sous M. de Tonduti , Pénitencier de la Métropole , et Primicier de l'Université , qui eut toujours bien des bontés pour lui.

Notre sage ecclésiastique avait donné constamment des preuves de sa vocation , par son goût pour la piété , par son esprit de pénitence , par son zèle pour l'instruction de la jeunesse , par le choix de ses amis, et par ses progrès dans les sciences divines. M. l'Évêque de Cavaillon était très-convaincu qu'il ne pouvait imposer les mains à un sujet plus digne ; aussi l'ayant appelé , il l'ordonna prêtre. M. Martin célébra sa première messe dans l'église paroissiale de Robion, le 9 juin, jour de son baptême. Tout s'y passa avec solennité et religion. On y exerça ensuite l'hospitalité avec beaucoup de charité ; et comme on voulut terminer la fête par un jeu qui n'avait rien que de très-décent, le nouveau prêtre fit bientôt connaître qu'il n'avait jamais eu l'esprit occupé des jeux même les plus innocents ; et que, comme Tobie, *il n'avait jamais rien fait de puéril* (*Tobie.* i. 4.) depuis sa tendre jeunesse, ne s'adonnant qu'à des exercices sérieux et utiles pour sa perfection et pour celle des autres.

« Oh ! mon Dieu, s'écria alors ce
« saint prêtre, ô mon Dieu, que de
« grâces, que de faveurs à ce pauvre
« ecclésiastique, fait ministre de Jésus-
« Christ ! Il doit souhaiter de toute l'é-
« tendue de son âme, d'être fidèle à sa

« divine Majesté, quelque indigne qu'il
« soit de ce haut ministère. »

M. Martin quitta bientôt sa patrie et
revint à Avignon, s'unir de nouveau,
avec un ancien ami, M. Pons Parreau,
qui fut dans la suite chanoine du chapi-
tre de St-Genest. Il engagea cet ami à
exercer sur lui l'office de catéchiste,
ne voyant rien alors de plus important,
convaincu de l'ignorance qui régnait
parmi les enfants. Ils parcouraient tous
deux des différents quartiers de la ville,
pour y annoncer la parole de Dieu avec
un zèle infatigable. Ils montaient sans
aucun respect humain sur des bancs, un
auditoire nombreux se formait bientôt
autour d'eux ; tout le monde y prenait
part. Les pères et les mères aimaient à
entendre leurs enfants répondre aux
questions que ces saints prêtres leur
faisaient, et ils étaient instruits eux-mê-

mes. M. Martin inspirait à tous les pécheurs des sentiments de crainte de Dieu
par l'onction et la force de ses discours.
La place du Corps-Saint était surtout le
rendez-vous le plus ordinaire. Au temps
des moissons, les pauvres paysans accouraient pour l'entendre ; ils se reti-
raient édifiés de sa grande modestie ; et
les services de charité qu'il leur rendait alors, les remplissaient de la plus
vive reconnaissance.

Ces premiers essais de zèle rendirent
le nouveau prêtre recommandable dans
l'esprit de ses supérieurs. M. de Suarez,
prévôt de la sainte église métropolitai-
ne, vicaire général de M. de Marinis,
Archevêque d'Avignon, lui donna le
pouvoir d'entendre les confessions et de
prêcher dans tout le diocèse. A mesure
que M. Martin exerçait les fonctions de
son ministère, il se sentait toujours plus

attiré à étendre le royaume de Jésus-Christ et il n'oublia rien pour s'y préparer. Désireux de s'avancer dans la science des Saints, il souhaita de fréquenter ce qu'il y avait de plus respectable dans le clergé séculier. M. de Tonduti, pénitencier, tenait un des premiers rangs parmi les meilleurs prêtres de la ville. Ces messieurs avaient formé entre eux une espèce de congrégation, où ils se fortifiaient dans une piété solide, où ils s'appliquaient surtout à bien connaître la perfection de l'état ecclésiastique, où ils prenaient les moyens les plus sûrs pour y parvenir. On n'y négligeait rien aussi pour discerner les règles d'une morale, ni trop rigide, ni trop relâchée ; c'étaient des maîtres capables de former des disciples très-éclairés. M. Martin, dont ces messieurs connaissaient les saintes dispositions, y fut reçu et profita si bien de leurs lumières et de leurs exemples, qu'il fut en état de commencer une carrière plus pénible et de travailler plus efficacement au salut des âmes.

L'hérésie de Calvin faisait toujours de plus grands progrès dans le Languedoc. Touché de l'aveuglement du peuple qui se laissait séduire, il souhaita de travailler, autant qu'il était en lui, à les instruire et à les convertir. Il partit d'Avignon dans le dessein de se présenter à M. l'Évêque de Viviers, pour servir dans son diocèse et parcourir les lieux où Saint Régis avait exercé depuis peu avec tant de charité les fonctions de son apostolat. Il fut arrêté dès les premiers jours par le curé de Villeneuve-lès-Avignon, qui connaissait sa piété et son zèle, et qui le sollicita vivement de travailler dans sa paroisse. La divine

Providence l'avait ainsi ordonné. Notre saint prêtre n'était pas destiné pour travailler dans le diocèse de Viviers. Il resta un an à Villeneuve, édifiant par l'austérité de sa vie et par la douceur de sa charité, instruisant les ignorants, volant dans tous les quartiers au secours des plus grands pécheurs et opérant, avec la grâce de Dieu, les conversions les plus éclatantes. M. de Fortias, transféré de l'évêché de Cavaillon à celui de Carpentras, en qualité de coadjuteur de M. le cardinal Bichi, l'obligea de revenir auprès de lui et le pourvut de la cure du lieu de St-Didier, qui devait être surtout le théâtre de sa piété et de son zèle jusqu'à la fin de ses jours.

Le pieux curé, docile à la voix de Dieu, s'y rendit sans différer. Il s'étudia à mériter par ses bonnes manières et par sa charité, l'attachement de ses paroissiens. On le regarda dans peu comme l'homme que Dieu, dans sa miséricorde, avait envoyé pour la réformation des mœurs. Tous accouraient à lui, parce qu'il avait reçu du ciel un don particulier d'encourager les bons à la pratique des vertus les plus parfaites et de rappeler dans les voies du salut ceux qui s'en étaient le plus égarés ; il ne pensa plus qu'à obtenir par ses prières et par ses austérités les secours nécessaires pour avancer l'œuvre qui lui était confiée.

Le serviteur de Dieu exhortait vivement ses paroissiens de se rendre à l'église pour entendre les instructions qu'il s'était proposé de leur donner pendant le Carême. On n'avait jamais vu plus d'ardeur à entendre la parole du pasteur. La maison de Dieu était pleine. La réputation du nouveau curé attirait même les voisins ; et l'onction qui accompagnait ses discours opérait chaque jour de nouvelles conversions. Prêchant une fois des effets du péché, il représenta les sept péchés capitaux sous le symbole d'un dragon à sept têtes; il disait avec beaucoup de véhémence l'avoir vu en esprit entrer dans la maison des habitants, et y faire de très-grands désordres, déchirant, dévorant tout ce qui se trouvait sur ses pas, répandant la terreur et l'effroi dans tout ce lieu. La peinture qu'il en fit fut si vive, que la plupart de ses paroissiens formèrent la généreuse résolution de changer de vie. Ils firent en effet des confessions générales à leur charitable pasteur, et devinrent la bonne odeur de Jésus-Christ. Ce fut un grand sujet de consolation pour M. de Fortias d'apprendre les fruits que produisait le pieux curé qu'il avait appelé. Il ne douta pas qu'un si saint homme`, avec des vues si pures, n'en produisit toujours de plus abondants.

La communauté de St-Didier, pleine de reconnaissance, voyant les travaux de M. Martin, voulut la lui témoigner efficacement : on délibéra de lui donner une somme d'argent, comme un honoraire dont il pouvait avoir besoin, les revenus du bénéfice étant alors très-modiques. On le lui offrit de fort bonne grâce, mais il remercia les consuls, disant qu'il ne s'était proposé dans tous ses travaux que la gloire de Dieu et le salut des paroissiens, et qu'il était bien récompensé par les bénédictions que Dieu voulait répandre sur son peuple, en se servant d'un si faible instrument que lui.

Le pieux curé gémissait depuis son entrée dans la paroisse de St-Didier sur l'état misérable et indécent où était son église. Un assez méchant tableau placé sur un

escabeau, qu'on fermait avec une plan-
che, dans lequel était un ciboire d'étain,
et un ostensoir où on pouvait à peine
apercevoir la sainte hostie, faisaient
tout l'ornement de la maison de Dieu.
L'esprit de religion qui l'animait, lui fit
trouver des ressources suffisantes pour
faire un tabernacle très-décent. Il le fit
dorer, et le Saint-Sacrement y fut dé-
posé. « N'était-il pas bien juste et néces-
« saire, disait-il, que le Fils du Tout-
« puissant, Notre-Seigneur Jésus-Christ,
« immolé pour nous et humilié dans le
« Saint-Sacrement de l'autel, eût un
« lieu pour s'y reposer, et y écouter les
« prières que les fidèles et les pauvres
« pécheurs viennent lui adresser? Dieu
« se plaignait au peuple d'Israël qu'ils
« habitaient dans les villes, dans des
« maisons bien propres, et *que lui n'a-*
« *vait point de lieu fixe pour y être ho-*

« noré. (2. *Reg.* VII. 6.) Messieurs les
« curés, comme les ministres de Jé-
« sus-Christ, ajoutait le saint homme,
« doivent prendre grand soin que son
« corps adorable et son sang précieux
« soient déposés en toute décence et
« avec honneur dans les églises. »

Le même esprit de religion porta M.
Martin à employer tout ce qu'il pouvait
avoir de crédit auprès du seigneur du
lieu et des paroissiens les plus zélés,
pour bâtir une chapelle à l'honneur de
Notre-Dame du Saint Rosaire et bientôt
après pour rétablir celle de Notre-Dame des Grâces : « Une reine, disait-il
« ingénieusement, doit avoir son ap-
« partement dans le palais de son fils.
« Il est juste que la Très-Sainte Vier-
« ge Mère de Dieu, conçue sans pé-
« ché, reine du ciel et de la terre,
« ait dans cette église un lieu dédié à

« son honneur, où elle soit particuliè-
« rement servie et honorée de ses en-
« fants. »

L'église où le pieux curé devait exercer les fonctions du saint ministère,
étant ainsi réparée et recevant par ses
soins, tous les jours, de nouveaux ornements, il s'appliqua à corriger bien
des abus qui s'étaient glissés dans sa
paroisse : ce ne fut pas sans de très-
grandes contradictions de la part des
méchants, qui faisaient tous leurs efforts pour lui faire abandonner ce
qu'il avait si heureusement commencé.
M. l'évêque de Carpentras en étant informé, pensait à le délivrer de toutes
ces peines et à le placer dans un lieu
où il serait plus tranquille. M. le mar-
quis de Venasque, seigneur du lieu, à
qui il en fit confidence, lui fit un si
grand éloge de M. Martin et lui donna

des promesses si positives au nom des
habitants, que le prélat changea d'avis.
L'orage cessa et il poursuivit en paix
l'exécution de ses pieux desseins. « Les
« contrariétés, dit le saint homme à
« cette occasion, ont toujours été d'un
« grand avantage. La vertu paraît bien
« mieux, lorsqu'elle est contredite. La
« divine Providence le veut ainsi pour
« nous tenir dans l'humilité et nous
« faire mériter par l'exercice de la pa-
« tience. Un bon curé doit alors ado-
« rer cette Providence et ne point de-
« mander d'être délivré de ses peines,
« mais les souffrir en paix pour l'amen-
« dement de ses paroissiens. Il doit
« continuer les exercices de pasteur des
« âmes, entretenir la dévotion dans le
« lieu, prier et faire prier pour la con-
« version des pécheurs. Jésus-Christ
« s'est chargé des péchés des hommes;

« il a désiré d'être rassasié d'oppro-
« bres ; pourquoi un pasteur des âmes
« ne supporterait-il pas avec patience,
« à l'exemple de son divin Maître, les
« fautes des méchants et les injures
« dont ils le chargeront ? »

Le petit troupeau du charitable M. Martin fut alors affligé d'une maladie épidémique, qui porta la désolation dans toutes les familles. Le Seigneur, dans sa miséricorde, voulait réveiller bien des pécheurs de leur assoupissement, éprouver et récompenser bien de bonnes âmes : temps de calamités et de misères, où parut surtout la grande charité du pieux curé ; car il n'épargna pas ses soins, et le jour et la nuit, exposant volontiers sa vie pour conserver celle de ses ouailles et procurer leur salut, les visitant, les consolant, leur administrant les Sacrements, pourvoyant en mille manières à tous leurs besoins , autant que sa pauvreté pouvait le lui permettre.

Dieu lui avait réservé une portion d'un calice si amer ; il fut atteint lui-même d'une fièvre maligne et pestilentielle, qui le détint environ trois mois dans son lit. Réduit dans un état si pitoyable, il souffrait non-seulement par la faiblesse de son corps, mais encore des peines d'esprit si grandes , qu'il se plaignait contre lui-même de n'avoir aucun sentiment pour Dieu. Il ne voyait que de bien loin la gloire du paradis ; il se regardait dans son lit comme une statue insensible ; ou bien, il se considérait comme un animal à demi-mort. Le grand Dieu, dit-il , permettait que cela fût ainsi en moi ; et que je fusse, dans le cours de ma maladie, privé de toute consolation et de toute dévotion, pour me tenir dans de bas sentiments de moi-même.

C'est dans ces voies dures que M. Martin mérita de recevoir de nouvelles lumières, pour connaître la sainte volonté de Dieu sur lui. La tendre dévotion qu'il avait à la très-Sainte Vierge et dont on voyait déjà les fruits dans le lieu de St-Didier, le porta à suivre une forte inspiration, qu'il avait sans doute reçue du Ciel. Ce fut de fournir à ses paroissiens une occasion de méditer les quinze mystères du Rosaire, en élevant des oratoires autour du terroir, dans lesquels seraient placés des bas-reliefs, représentant chacun quelqu'un de ces mystères. Il ne voyait pas d'abord toutes les suites de son pieux dessein. Sage dans ses entreprises, il crut ne devoir rien commencer sans avoir consulté le respectable M. d'Andrée, cha-

noine de la cathédrale de Carpentras ,
fondateur du monastère de la Visitation
Ste-Marie dans la même ville. Le ciel
le lui avait donné pour directeur ; et c'é-
tait par son canal que le pieux curé
connut ce qui lui restait à faire pour la
gloire de Dieu. Ce saint et prudent con-
ducteur lui annonça que tous ceux
qui contribueraient à cette œuvre de
religion, recevraient de grandes bénédictions du Ciel.

Cette entreprise des oratoires lui causa
bien des sollicitudes. Il fallut concilier
les esprits, et porter chaque possesseur
des terres à faire une certaine dépense
de bonne grâce et par religion, ou fournir lui-même et son argent et son indus-
trie ; ce qui ne lui était pas facile à cause
de sa pauvreté , sans trop apercevoir
encore ce qui en arriverait. La divine
Providence s'expliqua : le pieux curé

avait destiné le plus haut de la colline, à une lieue au levant de la ville de Carpentras, pour y établir l'oratoire où serait représentée l'Ascension de Notre-Seigneur Jésus-Christ. Il y fit bâtir un piédestal très-solide. Un bon nombre d'ouvriers furent employés pour y placer une niche de pierre, pesant environ cinq à six quintaux. Elle tomba, contre toute attente deux fois dans une espèce de précipice. On s'efforça en vain à la vouloir remettre une seconde et troisième fois par le moyen d'un tour ; on ne put jamais en venir à bout. C'est alors que M. Martin pensa à bâtir au même lieu une chapelle dédiée à la très-Sainte Vierge, sous le titre de Notre-Dame de Ste-Garde. Elle fut achevée dans peu de temps et bénie le 9 juin 1666 par M. Villardi, vicaire général de M. de Lascaris, évêque de Carpentras. Tout se fit dans le conseil du prélat. M. le chanoine d'Andrée déclara que telle était la volonté de Dieu, et y étant venu un jour célébrer la Sainte Messe, il dit au saint Curé : « Que faites-« vous, monsieur ? poussez votre bâ-« timent, faites-y des chambres qui « serviront un jour d'asile et de re-« traite à des prêtres et autres ecclé-« siastiques, lesquels pourront s'y « loger pour leur salut et celui du « prochain. »

L'oracle du saint directeur, en qui, après Dieu, M. Martin avait mis toute sa confiance, lui annonça que, sans sortir des limites de sa paroisse, il préparerait les voies à une communauté de prêtres missionnaires, sans lui découvrir les moyens dont la divine Providence se servirait pour son établissement.

On vit dès lors notre serviteur de Dieu, uniquement occupé à éloigner tout ce qui pouvait en retarder l'exécution. Il crut que Dieu exigeait d'abord de lui une vie plus pénitente, quelque austère que fût celle qu'il avait menée dès sa tendre jeunesse. Il avait passé plusieurs années à jeûner les quarante jours qui précèdent la fête de Saint Michel, à l'exemple de Saint François d'Assise, pour obtenir la conversion des pécheurs ; mais il ne crut pas avoir assez fait pour mériter les lumières du ciel dans l'importante affaire dont Dieu semblait l'avoir chargé.

Il se présenta dans sa paroisse une occasion qui rendit sa pénitence héroïque. Une homme marié avait abandonné son épouse légitime et entretenait une concubine dans le lieu de St-Didier, au grand scandale de tous les habitants.

Le bon pasteur voyait avec douleur ce misérable obstiné dans son crime : ni les instructions, ni les caresses, ni les menaces, n'avaient pu le faire rentrer dans lui-même. Cet adultère public vit bien que l'homme de Dieu emploierait tout ce qu'il avait de crédit pour éloigner l'objet de son infâme passion. Il forma le détestable dessein d'attenter à la vie du saint curé. Il essaya trois fois de le faire périr par un coup de feu ; et ce ne put être que par un prodige que le charitable M. Martin échappa à la fureur de ce scélérat. Les Saints ont des ressources que le monde ne connaît pas. Le serviteur de Dieu offrit un jeûne de quarante jours pour obtenir à ce grand pécheur la grâce de sa conversion, mais un jeûne des plus austères. Il ne mangeait que des herbes insipides, couchait sur des ais, ou sur des sarments, et faisait ses efforts pour intéresser la très-Sainte Vierge, refuge des pécheurs, par les prières qu'il lui adressait dans la nouvelle chapelle qu'il venait de lui dédier. A peine cette terrible quarantaine fut-elle finie, que le pécheur scandaleux fut frappé d'une maladie qui donna occasion à M. Martin de le visiter. La brebis égarée écouta la voix du pasteur; elle se laissa enfin conduire avec beaucoup de docilité dans le bercail. Cet homme, autrefois insensible à l'état misérable de son âme, pleura ses égarements, il en fit une confession générale à son charitable curé et il mourut quelque temps après, dans les sentiments d'une véritable pénitence, après avoir réparé le scandale qu'il avait donné. Bientôt après Dieu toucha par sa grâce la femme adultère; et M. Martin, qui n'avait désiré que sa conversion dans toutes les démarches qu'il avait faites contre elle, eut la consolation de recueillir encore ses derniers sentiments et de la voir mourir dans de très-saintes dispositions. M. Martin en vit plusieurs autres livrés à la débauche, ennemis du bon ordre et qui avaient juré sa perte, changés tout à coup en agneaux, mourir dans ses bras, bénissant le Père des miséricordes qui leur avait donné un si bon et si charitable pasteur, toujours prêt à les recevoir avec bonté.

Ce grand serviteur de Dieu, après des conversions si éclatantes, s'offrit de nouveau en sacrifice à Notre-Seigneur Jésus-Christ. Il espéra que ce divin Maître voudrait bien lui donner des bénédictions plus abondantes, à mesure qu'il souffrirait davantage pour le salut des âmes. Il continua dans cette vue son jeûne pendant quarante ans, n'usant ordinairement toute la semaine dans ses repas, que des mets qu'il avait préparés le lundi, et qui consistaient en des herbes souvent les plus insipides.

Cette pénitence continuelle n'interrompit jamais les exercices de sa paroisse. Attentif à l'instruction de la jeunesse, il fut toujours exact à faire les catéchismes ; et par un discernement admirable, il connaissait ceux qui étaient plus portés à la piété, et s'attachant à leur donner l'éducation la plus chrétienne, il les conduisait avec lui dans sa chère solitude de Notre-Dame de Ste-Garde, où il partageait leur temps entre les exercices de piété, l'étude, et le travail corporel. Ces jeunes gens se distinguaient dans la paroisse par leur modestie, leur obéissance, et par la crainte de Dieu dont ils étaient pénétrés. On a vu dans la suite les personnes les plus pieuses et les plus honorables du lieu, avouer qu'elles lui devaient tout ce qu'elles avaient reçu d'instruction et d'inclination pour la vertu dans leur jeunesse. Les pères qui voyaient leurs enfants recevoir de si excellentes leçons, concevaient tous les jours plus de reconnaissance et d'estime pour le pieux curé. Ils se faisaient un devoir de publier le bonheur qu'ils avaient de le posséder, et la consolation qu'ils recevaient par la nouvelle chapelle de Notre-Dame de Ste-Garde.

Bien des prodiges opérés attirèrent dans cette chapelle un grand concours de peuple : en voici un qui est attesté par tous les anciens habitants du lieu. M. Martin, ayant administré un de ces jeunes gens qui étaient sous sa direction à Ste-Garde et qui se trouvait à toute extrémité, venait coucher selon son habitude de bon pasteur dans la cure de St-Didier, malgré les instances de ses enfants, qui voulaient le retenir ce soir malgré lui à cause du moribond. Soyez tranquilles, leur dit-il en les quittant : si le bon Dieu l'appelle à lui cette nuit, il ne sera pas sans secours. Priez bien d'ailleurs auprès de son lit. Le lendemain il retourne de grand matin à Ste-Garde et demande des nouvelles du jeune malade. Il est mort, mon père, lui répondit-on ; mais il est mort en saint. Vers une heure du matin, nous avons entendu frapper à la porte ; nous avons demandé qui c'était. Je suis le père de la mort, nous a-t-il été répondu, et nous avons vu entrer un saint religieux habillé de blanc avec un scapulaire noir, qui s'étant approché du malade, l'a merveilleusement consolé et a reçu son dernier soupir. M. Martin sans paraître surpris leur dit avec bonté : Je vous l'avais bien dit qu'il fallait toujours avoir en Dieu une confiance sans bornes.

Cependant M. Martin considérait attentivement les différents événements de la divine Providence sur lui et par quelles voies il était parvenu dans l'état où il se trouvait. Il voyait encore comme de loin que Dieu ne se contenterait pas de ce qu'il avait fait et souffert pour sa plus grande gloire. Ce que M. d'Andrée son saint Directeur lui avait annoncé, était profondément gravé dans son esprit et dans son cœur ; mais il ne connaissait pas par quel moyen cela pourrait s'exécuter. Il vivait seul , pauvre et éloigné du monde, peu connu et renfermé au milieu de son petit troupeau. Il vivait en la présence de Dieu , espérant d'exécuter sa sainte volonté. Son espérance ne fut point frustrée : le

Seigneur lui fit connaître alors plus particulièrement par deux personnages d'une grande piété ce qu'il demandait de lui.

Le premier, fut le **R. P.** Bernard Albert, de l'ordre des Minimes, qui vint le voir en 1668, et lui communiqua le désir qu'il avait depuis plusieurs années de voir établir une congrégation de prêtres missionnaires et séculiers, reçus du Tiers-Ordre de St-François-de-Paule, pour le maintien de la foi catholique, apostolique et romaine, pour l'exaltation et propagation de la Sainte Église, la conversion des infidèles et des pécheurs et pour l'instruction des ignorants. M. Martin lui répondit que depuis environ dix-huit mois son esprit était occupé de ce pieux dessein, et que sans doute Dieu l'avait envoyé auprès de lui pour consulter ensemble sur les moyens de l'exécuter ; qu'il travaillait cependant à bâtir quelques chambres pour les prêtres , qui, appelés de Dieu dans cette solitude , s'y préparassent à ces travaux apostoliques. Il lui avoua , qu'avec des revenus très-modiques et en vivant dans l'abstinence, il avait toujours trouvé de quoi pouvoir continuer ses bâtiments et qu'il avait admiré en cela la bonté de Dieu sur lui. Le père d'Albert fut surpris et vivement touché, en considérant que , ne s'étant jamais vus, ni connus , Dieu les avait déjà unis étroitement ensemble par la conformité des sentiments , pour travailler à une œuvre qui ne pouvait que tourner à sa plus grande gloire et à l'avantage de l'Église.

Quelques mois après, le R. P. Jérôme d'Etienne, du même ordre des Minimes, informé de ce qui se passait à la chapelle de Notre-Dame de Ste-Garde, ayant écrit à M. Martin de se rendre à Pont-St-Esprit, pour en conférer ensemble avec le Père d'Albert, ils conclurent de dresser un règlement qui serait observé par le curé et sous sa direction, par ceux qui viendraient dans la nouvelle maison travailler à leur salut et au salut des autres, sous la protection de Notre-Dame de Ste-Garde et de St-François-de-Paule.

Ces deux grands religieux ne laissèrent échapper dès lors aucune occasion de procurer à M. Martin des hommes de bonne volonté, qui fussent en état de vivre dans l'austérité dont il faisait profession lui-même et de suivre l'ordre des exercices, qui était établi dans sa solitude. Quelques laïques, parmi lesquels se trouva un fils du premier médecin du roi, qui avait tout quitté, pour vivre inconnu au monde, vinrent se soumettre à la conduite du bon curé. Hélas! disait M. Martin, en considérant tout ce qui s'était passé jusqu'alors sous ses yeux, depuis l'établissement du règlement, « hélas! que les choses de ce « monde, pour belles, pour utiles « qu'elles paraissent, sont peu perma- « nentes! Eh, mon Dieu! quel fonde- « ment peut-on faire sur les enfants des « hommes! Nul ne fait le bien; *Non* « *est qui faciat bonum, non est usque* « *ad unum. (Psal.* 13. 2.) Un pauvre « solitaire, ajoute-t-il, parlant de lui- « même, emploie et le vert et le sec, « pour trouver des personnes qui « veuillent véritablement servir Dieu. « Parmi un grand nombre qui se pré- « sentent à lui pendant plus de trente « ans, il ne s'en trouve que deux qui « auraient édifié, mais qui ne font que

« passer en sa solitude. Une mort pré-
« cieuse est la seule récompense de leur
« persévérance dans une vie pénitente.
« Ce pauvre solitaire ne s'épouvante pas
« de tout cela, parce qu'il apprend que
« Dieu veut tout faire dans une œuvre
« de si grande importance ; c'est sa
« seule consolation. Nous devons con-
« sidérer ici, ajoutait encore M. Mar-
« tin, qu'il semble que Dieu permet
« que les affaires même les plus sain-
« tes, soient réduites à la dernière ex-
« trémité. Il semble que tout est dans
« le désordre et que tout est perdu ;
« mais Dieu, par sa bonté, se plaît
« alors à les relever, faisant, par un
« coup de sa puissance, ce qui parais-
« sait moralement impossible aux hom-
« mes. »

Le pieux curé, qui n'attendait que
de la main de Dieu cet heureux évé-

nement, attribuait le succès qu'avait
eu jusqu'alors son entreprise à la protection de Saint François-de-Paule. Il re-
connaît que ce saint patriarche l'assis-
tait visiblement pour le spirituel et pour
le temporel, tantôt pour éloigner ceux
qui auraient pu nuire à l'innocence des
mœurs, tantôt pour accélérer les bâtiments, pour lui faciliter l'acquisition
des fonds qu'il lui fallait pour l'entre-
tien des solitaires, mais surtout pour le
soutenir dans ses peines intérieures.
« Qui des associés, disait-il, en consi-
« dérant les effets de cette protection,
« qui des associés n'aura pas de l'amour
« et du respect pour ce grand Saint ?
« Qui ne sera pas ravi d'avoir une
« place dans cette maison, ou dans les
« autres, qui pourront être établies avec
« dépendance de celle-ci, pour honorer
« la règle pleine de douceur du Tiers-

« Ordre de ce grand serviteur de Dieu? »

On était surpris dans le monde, surtout parmi les gens de condition, que M. Martin fût si occupé à bâtir auprès de sa chapelle. Il valait bien mieux, disait-on, qu'il mît l'argent qu'il y dépense dans les mains des pauvres. A en juger par les apparences, les personnes qui le blâmaient, semblaient avoir quelque raison : elles ne voyaient que ce qui se passait à l'extérieur ; mais Dieu, qui voit le fond des cœurs, bénissait les efforts que faisait M. Martin pour accomplir sa divine volonté. Elle lui était manifestée d'en haut par des lumières intérieures et par le conseil des plus saints personnages. Le Ciel le confirmait toujours plus dans ce dessein, à mesure qu'il trouvait plus de contradictions de la part des hommes.

Dieu semblait l'instruire dans des

songes propres à l'animer au milieu de son entreprise. Il se représentait alors les prêtres qui devaient s'assembler un jour dans la maison de la très-Sainte Vierge et élever leur voix pour inviter les fidèles à la prière, les assembler pour des prédications et des conférences spirituelles, les animer à la persévérance et remporter des victoires contre les novateurs.

La confiance du pieux curé en devenait plus ferme ; et si, dans des jours de désolation intérieure, il lui semblait qu'il allait être englouti comme par les flots d'une mer orageuse, Dieu le consolait alors et lui disait dans le fond de son cœur : *Ne craignez point, tout s'abattra à vos pieds ; l'envie, la calomnie, n'auront sur vous aucun pouvoir.* M. Martin attribuait ces grâces intérieures à la protection de son ange gardien et au patron de son église, le glorieux martyr St Didier, à qui il avait toujours eu une singulière dévotion. Celle qu'il avait aux âmes saintes, que la justice de Dieu détient dans le Purgatoire, lui fut aussi d'un grand secours. Sensible à leurs souffrances, il aurait voulu les soulager, les délivrer et se sacrifier tout entier pour elles, persuadé qu'elles s'intéresseraient, comme autant d'avocats auprès de Dieu pour sa conversion et pour le succès de l'œuvre dont il se voyait chargé. Sa piété le porta à faire un écrit, dans lequel il leur donna toutes les bonnes œuvres qu'il pourrait faire avec le secours de la grâce, tous les jours de sa vie, donation qu'il a souvent ratifiée.

Le charitable pasteur connut que ce sacrifice devait être agréable à ces âmes souffrantes. Depuis le jour qu'il le fit, il s'éveillait sur les deux heures du matin ; et il se sentait en même temps invité à prier pour elles, ce qu'il faisait d'abord avec beaucoup de charité et de compassion. Il invitait dans le même esprit ses paroissiens à ne rien oublier pour les soulager et les délivrer entièrement de leurs peines. Il avait réglé que le dimanche, le lundi et le vendredi, les enfants viendraient sur le soir dans l'église, qu'ils y réciteraient dévotement deux fois le *Pater* et l'*Ave* à genoux, pour la conversion des pécheurs et le soulagement des âmes du Purgatoire ; qu'en sortant de l'église avec la clochette, ils iraient en procession et avec beaucoup de modestie, chantant le *De profundis* ; et qu'après le dernier verset, ils diraient à haute voix : *Priez Dieu pour les pécheurs et pour les âmes du Purgatoire ; dites deux fois le Pater* et l'*Ave* : à quoi le peuple se conformait avec beaucoup de religion ; et ils en recevaient bien des grâces particulières.

M. Martin avait déjà passé quarante ans dans la cure de St-Didier, livré à tous les exercices de la mortification et de la charité, à la pratique d'une profonde humilité et d'une patience héroïque. Fidèle à toutes les fonctions de son ministère, il s'était rendu digne des bénédictions du ciel. On voyait un monument admirable de sa dévotion à la très-Sainte Vierge et de son zèle pour le salut des âmes. De consolantes promesses lui avaient été faites qu'il aurait une postérité de prêtres zélés, qui travailleraient à l'éducation des ecclésiastiques et à l'instruction des peuples dans les missions. Déjà avancé en âge, épuisé de travaux, accablé de peines de corps et d'esprit, il n'en voyait point l'accomplissement ; il espérait cependant contre toute espérance. Il crut enfin, l'an 1699, et le 8 décembre, jour de l'Immaculée Conception de la Mère de Dieu, que ses désirs allaient être accomplis : Dieu lui envoya des ouvriers évangéliques qui devaient bientôt commencer l'œuvre sainte pour laquelle il soupirait depuis longtemps. C'étaient Messieurs Laurent-Dominique Bertet, Esprit de Benoît, Raymond Maselli, originaires d'Avignon, connus déjà par leurs vertus et bientôt après, M. Joseph-François de Salvador, dont la conversion lui parut un miracle. On peut voir dans les Vies de M. Bertet et de M. de Salvador, par quelles voies la divine Providence les conduisit à la pauvre maison de Notre-Dame de Ste-Garde. (1) Le pieux curé

(1) Voici d'après M. Bertet lui-même, le récit

les reçut avec une joie toute sainte et avec une charité véritablement pater-

d'un des faits miraculeux qui déterminèrent sa vocation.

« Le P. d'Etienne, dit-il, et M. de Benoît,
« m'ayant sollicité de faire pour de bonnes rai-
« sons un petit voyage en Provence, et à mon
« retour les trouvant partis d'Avignon, je crus
« qu'ils seraient allés à Ste-Garde. Dans l'esprit
« de les y trouver, je m'y rendis en droiture.
« Arrivé à Pernes à l'entrée de la nuit, je fus
« tenté d'y coucher, n'ayant presque rien man-
« gé de tout le jour : j'étais d'ailleurs très-fati-
« gué, étant venu à pied de trois lieues au
« delà d'Apt : mais rentrant en moi-même, je
« me déterminai à faire encore une lieue pour
« le bon Dieu. Je me remets donc en marche,
« continue-t-il, et arrivé auprès d'un oratoire
« qui est en vue de la chapelle de Notre-Dame
« de Ste-Garde, je vis le ciel se fendre sur cette
« même chapelle par un éclat de lumière, et
« j'aperçus trois globes de feu. Celui du mi-
« lieu était élevé au-dessus des deux autres :
« Voilà, dis-je alors, les lumières dont on m'a
« parlé. Dans le moment me mettant à genoux,
« je bénis Dieu d'une pareille merveille, et en

nelle. Il ne cessait de les admirer dans leur conduite : « Qui aurait pu s'imagi-
« ner et croire, disait-il, que ces Mes-
« sieurs, personnes respectables par leur naissance, par leur piété et par
« leur science, se fussent rendus habi-

« même temps parurent deux nouvelles lumiè-
« res, mais un peu au-dessous de l'endroit où
« est bâtie la chapelle. Je m'avançai encore
« jusqu'à un oratoire où l'on voyait peinte une
« représentation du mystère de la résurrection
« de Jésus-Christ; les deux globes s'unirent alors
« à celui du milieu, et ils disparurent bientôt
« après. Comme j'approchais toujours plus, je
« vis de près à travers les vitres la chapelle
« extraordinairement éclairée; je sonnai la pe-
« tite cloche. Un jeune enfant de huit ans,
« neveu de M. Martin, vint m'ouvrir la porte :
« je demandai s'il n'y avait personne dans la
« maison, il me répondit qu'il était seul; je
« l'interrogeai sur la lumière que je voyais
« éclairer si vivement l'intérieur de la chapelle,
« mais l'enfant me répliqua qu'il n'y avait pas
« même de lampe. Alors, poursuit M. Bertet,
« j'avoue que je fus extrêmement effrayé. »

« tants d'une solitude, où ils n'ont rien
« pour entretenir et soulager la vie,
« que des herbes, des fruits et des lé-
« gumes, où ils sont dénués de tous les
« secours qu'ils avaient en abondance
« dans le sein de leur famille et obligés
« chaque jour à faire le sacrifice de leur
« propre volonté. Il faut l'avouer, tout
« cela doit leur paraître rude et insup-
« portable ; mais les difficultés ne les
« ont point arrêtés. Ils ont surmonté
« tous les obstacles par la grâce et la
« force du Saint-Esprit. Le bel ordre
« qu'ils établissent dans cette maison,
« adoucit toutes les peines. On voit que
« ceux qui y viennent, n'y sont pas ve-
« nus chercher les commodités, mais
« plutôt les incommodités de la vie,
« pour le salut de leur âme et la gloire
« de Dieu. Nous remarquons en eux la
« paix, la joie, l'allégresse ; rien ne

« leur cause de l'inquiétude ; ils s'ac-
« cordent à tout. Dévots comme des
« anges, sincères dans leurs entretiens,
« forts dans la tribulation , d'un bon
« jugement dans leurs conférences , ils
« suivent la maxime du Sage : *Rien de*
« *mieux que de faire le bien, et de se*
« *réjouir dans le Seigneur.* » (Eccl.
III , 12.)

M. Bertet fut dès lors regardé comme
le Supérieur de la Communauté nais-
sante , ainsi que nous l'avons rapporté
dans l'histoire de sa vie, et le P. d'E-
tienne était l'homme de Dieu à qui tous
avaient recours pour leurs besoins spi-
rituels. Le ciel lui ayant donné dès le
commencement un grand zèle pour l'œuvre de Dieu, soit par les visites qu'il
avait faites à M. Martin , soit par la
confiance que M. Bertet avait eue en lui,
depuis le moment auquel il lui annonça

à Avignon ce qu'il avait à faire pour accomplir la sainte volonté de Dieu.

Ce fut une grande consolation pour le pieux curé de voir que sa maison allait devenir dès lors comme le berceau d'une congrégation de prêtres qui seconderaient ses vues. Ils lui donnaient tous les jours de nouvelles preuves de leur zèle et de leur religion. Ces saints prêtres pourvoyaient la sacristie de très-beaux ornements et de vases sacrés. Chacun s'empressait à faire de nouveaux dons à la sainte chapelle. Ils avaient conçu un amour tendre et filial pour M. Martin. Ils n'oublièrent rien pour adoucir ses peines : elles étaient trop grandes pour les calmer entièrement. La main du Seigneur était sur lui comme sur un autre Job ; et il était de la gloire de Dieu qu'il en découvrît l'excès à ceux qu'il devait animer à une vie austère.

M. de Salvador étant ordonné prêtre et s'étant rendu auprès de lui, fut surtout le dépositaire de ses peines intérieures. Il nous a attesté souvent que le saint curé avait toujours beaucoup aimé la vertu de chasteté, qu'il l'avait parfaitement pratiquée, qu'il avait eu en horreur tout ce qui lui était opposé, qu'il s'était fait un devoir de fuir la compagnie des personnes du sexe et leur conversation, autant qu'il lui avait été permis; qu'il avait cependant beaucoup souffert des attaques de l'esprit immonde; mais que par le secours de la grâce de Dieu, il avait toujours eu le bonheur de remporter la victoire. M. de Salvador a encore attesté que le saint curé sentait cependant en lui une loi qui répugnait à celle de l'esprit. Il demandait alors à Dieu, non pas que Satan s'éloignât de lui, mais qu'il pût soutenir avec patience la violence de cet ennemi : *Qui me donnera*, disait-il, *non d'être délivré de ce corps de mort, mais de le vaincre ?*

Ce généreux serviteur de Dieu jouissait de temps à autre d'un peu de repos; mais le démon revenait bientôt après lui livrer de nouveaux assauts pour le tourmenter. « Ayez pitié de moi, s'écriait « alors cet homme de douleurs, Sei- « gneur Jésus, j'ai espéré en vous et « je ne serai point confondu. Vous ne « permettrez pas que l'ennemi prévale « contre moi. » L'esprit de cet homme souffrant se trouva une fois si accablé et si abattu, qu'il lui semblait que la terre s'ouvrait sous ses pieds et qu'il allait être précipité dans un abîme rempli de flammes : « Courage, mon âme, « s'écriait-il dans l'excès de sa dou- « leur, courage, descendons dans ces

« flammes ; qu'elles soient comme no-
« tre héritage en cette misérable vie. »
Revenu de ces terribles combats , il se
disait à lui-même : « D'où viens-tu ?
« qu'as-tu fait ? Si tu en es sorti heu-
« reusement, rends gloire à Dieu qui
« t'a donné la victoire. »

La divine Providence, qui connaissait
les désirs du cœur de M. Martin, voulut éprouver sa vertu par un nouveau
genre de peine, et le disposer par là à fi-
nir ses jours dans l'exercice d'une patience héroïque. L'an 1699, vers le milieu du mois d'août, s'éveillant un matin, son corps se trouva couvert de pe-
tites plaies, qui causèrent à ce saint
homme une douleur si vive et si cuisan-
te, que dans les premiers mouvements
il ne put s'empêcher d'y chercher quelque soulagement. Il était sur le point de
quitter son lit et sa chambre, lorsque

faisant réflexion que la cause de son mal ne pouvait être que la main de Dieu, qui s'appesantissait sur lui par miséricorde, il résolut de le supporter , sans y apporter aucun remède. Ce mal l'affligea jusqu'à la fin de septembre , temps auquel le Seigneur rendit à son corps sa première santé. A cette épreuve, qui le faisait participant de la flagellation de Jésus-Christ , survint une peine intérieure qui lui déchira le cœur. Il craint et il ne veut pas craindre , il est saisi de terreur à la vue de ses péchés. Son imagination lui représente qu'il est prêt à y tomber : il voit des feux et il lui semble qu'il va en être dévoré. Ces craintes le couvrent de confusion ; elle paraît sur son visage ; il sent que c'est par pusillanimité ; il appréhende de scandaliser ceux qui pourraient s'en apercevoir. Il se prosterne à terre , il demande à Dieu de le soutenir dans cette terrible peine , ou qu'au moins elle ne paraisse point au dehors. S'il fut alors exaucé dans sa prière et consolé dans l'excès de ses craintes, ce fut pour le préparer à de nouvelles souffrances. Un an après cette première épreuve, M. Martin étant dans sa sainte solitude avec ses chers Messieurs les prêtres et y jouissant d'une bonne santé, il se trouva une seconde fois couvert tout à coup de plaies sur tout le corps : c'était comme autant de boutons de feu , qui avaient fait soulever la peau, de façon qu'on voyait par-dessous la chair vive tout écorchée. Il souffrit alors dans les jambes et dans les pieds de si grandes douleurs, que la nature aurait enfin succombé, si Dieu , par un secours extraordinaire , ne l'eût soutenu dans sa faiblesse ; secours d'autant plus nécessaire , qu'en même temps

cet *Homme de douleurs* eut la tête environnée et comme couronnée de gros boutons ; et afin qu'il ne fût pas tenté de chercher la cause de son mal , Dieu voulut bien par une grâce particulière lui faire connaître que tout ce qui lui était arrivé venait de sa main bienfaisante, qui purifie toujours plus le juste et qui, en l'éprouvant , lui donne occasion d'augmenter ses mérites. « O bonté
« de mon Jésus , s'écrie le serviteur de
« Dieu ! ô bonté de mon Jésus ! quel-
« le grâce à ce pauvre pécheur ! son
« âme vous en remerciera de toutes ses
« forces avec les bienheureux dans le
« ciel. »

Cette bonté infinie voulut achever ce qu'elle avait commencé ; car l'an 1701, s'étant comme autrefois éveillé dans la nuit, il sentit en son corps comme un feu qui le brûlait ; et il parut alors sur son dos des clous et des tumeurs, qui formèrent une espèce de croix. Toujours résigné sous la main du Seigneur, il attendit en patience que le même Dieu, qui lui avait envoyé cet excès de peines et de souffrances, l'en délivrât lorsqu'il le trouverait bon.

Messieurs Bertet et de Salvador eurent la consolation de passer près de trois ans avec ce saint homme. Témoins et dépositaires de ses peines, ils le consolèrent, le soulagèrent, autant qu'il fut en eux. Ils lui conseillèrent de quitter sa cure, à raison de ses grandes infirmités, et de rester pour toujours avec eux dans sa chère solitude de Notre-Dame de Ste-Garde. Il n'hésita pas un moment, s'étant fait un devoir de vivre et de mourir dans l'obéissance. Ces Messieurs s'aperçurent bientôt, qu'étant retiré dans sa pauvre cellule, il restait continuellement immobile sur sa chaise, et ils lui firent avouer qu'il ne s'était point déshabillé depuis deux ans. On s'aperçut, en le couchant dans son lit, qu'il devait avoir souffert comme un cruel martyre pendant tout ce temps. La charité obligea ceux qui le servaient d'apporter quelque adoucissement à ses peines. Ils furent cependant attentifs à ne pas trop les multiplier, craignant de causer quelque inquiétude au saint vieillard, qui était alarmé au moindre soulagement qu'on lui procurât. Ah ! paradis, s'écriait-il, ah ! paradis ! Il ne lui manquait pas cependant d'occasions de souffrir, quelque attention qu'on eût pour lui. Une cruelle goutte lui avait noué les pieds et les mains et lui causait à tout moment des douleurs très-sensibles, sans qu'il lui échappât jamais un mouvement d'impatience ; et nonobstant

tant de peines, et dans le corps et dans l'esprit, si on lui demandait, comment il se portait, il répondait toujours *très-bien*, trouvant sa joie dans ses souffrances.

Ce grand serviteur de Dieu, vive image de Jésus souffrant, ainsi constant dans sa foi, parfait adorateur de la divine Providence, n'était plus occupé que du désir de s'unir à lui pour toujours. Rien n'était capable de l'attacher à la terre ; car, quoiqu'il fût content de toutes choses et en toutes choses, ainsi qu'il le dit lui-même et qu'il s'en réjouit aux yeux des hommes, il s'élevait toujours dans son intérieur au-dessus de tout ce qui n'était pas Dieu. Son âme était donc prête à quitter sans inquiétude et sans peine la prison de ce corps de mort qui faisait gémir l'apôtre. Le Seigneur, qui voulait l'en délivrer, le faisait mourir tous les jours plus parfaitement à lui-même. Ce saint homme recevait avec une nouvelle reconnaissance les coups de la main puissante qui le frappait ; et il ne cessait de bénir le saint nom de Dieu sur son lit de douleur.

M. de Salvador, qui avait eu l'attention d'assister le pieux solitaire à l'autel, tout le temps qu'il put célébrer le Saint Sacrifice de la Messe, afin qu'il ne fût pas privé de la seule consolation qui lui restait en ce monde, assure que rien ne pouvait lui être plus agréable que de recevoir le corps adorable de Jésus-Christ durant le cours de sa maladie, qu'il regardait comme son trésor, sa force, et son tout. M. de Salvador satisfit plus d'une fois un si saint et si juste empressement. M. Martin s'y disposa par une confession générale, que

l'humilité et le désir de se purifier davantage, lui fit réitérer plus d'une fois.
M. de Salvador son confesseur était
édifié de voir ce saint homme appro-
cher du tribunal de la pénitence, comme s'il eût été le plus grand pécheur du
monde, lui, qui avait toujours vécu depuis sa tendre jeunesse, jusqu'à ses derniers jours, dans l'innocence et dans l'e-
xercice de la pénitence la plus austère.
Le sage et éclairé directeur, qui avait
eu la condescendance d'entendre deux
fois sa confession générale, n'avait point
vu qu'il eût commis aucun péché mor-
tel durant le cours d'une longue vie. Il
était prêt de l'affirmer avec serment, si
la gloire de Dieu le demandait.

Un trait de sa vie qui s'est conservé
par la tradition dans St-Didier vient
bien à l'appui de cette assertion. M.
Martin ayant été appelé dans une parois-

se voisine pour exorciser un possédé, le démon résista longtemps aux prières de l'église. M. Martin lui en demanda la raison. C'est que tu es un voleur de raisin, répondit le diable. Et comment? ajouta M. Martin. Parce que dans ton enfance, répliqua le démon, tu pris un raisin sur le bord d'un chemin à telle vigne (qu'il lui désigna). C'est vrai, continua le saint homme, mais tu sais bien aussi que je laissais deux liards sous la souche. Quoi qu'il en soit, sors du corps de cet homme, je te l'ordonne au nom de Jésus-Christ. Le démon obéit à l'instant. Tous les anciens du pays attestent ce fait comme le tenant de leurs ancêtres. Entre autres, M. Forest Henri, ancien notaire, âgé de 87 ans, et M. Frizet, directeur du Grand Séminaire, comme le tenant de leurs pères.

Dans de si saintes dispositions, M.

Martin ne pouvait que recevoir de nouvelles bénédictions, en s'unissant à Jésus-Christ par la sainte communion. Deux ans d'une cruelle maladie l'avaient réduit dans une si grande faiblesse, qu'il n'était plus possible de rétablir ses forces. On ne songea plus qu'à lui administrer le Saint Viatique. Il le reçut, non dans des sentiments de crainte, mais dans des transports de joie et d'amour, qui étaient comme l'avant-goût de la récompense que Dieu prépare à ses véritables serviteurs dans la bienheureuse éternité.

Les prêtres de la maison venaient s'édifier auprès du pieux malade et recevoir ses salutaires instructions. C'était alors surtout que chacun admirait son égalité, la douceur de sa conversation, l'ardeur de son zèle et le désir qu'il avait de voir le progrès de l'œuvre de Dieu ;

car la foi que notre pieux curé avait eue aux promesses de tant de saints personnages sur l'établissement de la congrégation de Notre-Dame de Ste-Garde, né fut point ébranlée lorsqu'il se vit au lit de la mort ; elle se ralluma au contraire plus que jamais. J'en laisse le soin, dit-il, à M. Bertet et à ses dignes compagnons. Quant à moi, je vois aujourd'hui par la foi, ce dont ils verront un jour l'accomplissement.

L'état du saint malade annonça enfin une mort prochaine. Le bruit s'en répandit dans tous les lieux voisins. Chacun prenait part à la perte qu'on allait faire. Sa solitude fut alors visitée par tout ce qu'il y avait de respectable dans le clergé et parmi le peuple. On trouvait cet illustre et humble pénitent, comme attaché sur une pesante croix, souffrant dans toutes les parties de son corps. On ne pouvait que compatir à l'excès de ses douleurs ; lui seul était dans la joie , parce qu'il souffrait pour Jésus-Christ et avec Jésus-Christ. Ses chers paroissiens, les habitants du lieu de St-Didier , venaient à tout moment lui offrir leurs services. Ils voyaient dans la maison de Ste-Garde l'accomplissement de ce qu'il leur avait prédit, en disant ces paroles : *Providence*, *Providence*. Le saint homme nous l'avait annoncé, disaient les plus anciens, nous le voyons aujourd'hui et nous espérons de voir encore de plus grandes choses dans la suite, parce qu'il nous l'a dit.

On aurait bien souhaité prolonger la vie du saint homme. On tenta dans cette vue d'user d'une nourriture plus solide pour soutenir ses forces ; mais tout ce qu'on fit pour cela , augmentait son mal , loin de le diminuer. Ses austérités passées l'avaient rendu incapable de trouver de l'adoucissement dans ce qui soulage les autres.. Ce grand serviteur de Dieu aimait d'ailleurs plutôt à souffrir qu'à être soulagé dans ses souffrances. Un remède plus consolant pour lui fut de recevoir une seconde fois le saint viatique, et un grand sujet de joie fut d'être entièrement purifié par le sacrement de l'extrême-onction qu'il reçut dans les sentiments de la plus profonde humilité. Il donna ensuite sa bénédiction aux prêtres que Dieu avait assemblés auprès de lui. On le vit bientôt après entrer dans une douce agonie, pendant laquelle, uniquement occupé de la grandeur du Dieu qu'il avait servi, il témoigna de nouveau sa foi, son espérance et sa charité par les actes de ces trois vertus qui font les saints, et il s'endormit ainsi paisiblement dans le

Seigneur, le 13 juillet 1703, ayant atteint la soixante et douzième année de son âge, laissant à ces messieurs l'administration du peu de bien qu'il avait consacré à la très-Sainte Vierge et le précieux héritage de ses vertus. Son corps fut enseveli par M. de Salvador, assisté des prêtres de la maison et de ceux qui avaient accouru à cette cérémonie, dans la chapelle que le pieux défunt avait bâtie à l'honneur de Notre-Dame de Ste-Garde. Cette petite chapelle ayant été changée en une église, ce précieux dépôt se trouve à présent au milieu du chœur et on a mis au-dessus l'épitaphe suivante :

D. O. M.

HIC JACET

R. D. ALEXANDER MARTIN,

SANCTI DESIDERII

PAROCHUS,

HUJUS PRIMARIÆ DOMUS

FUNDATOR,

INSTITUENDÆ CONGREGATIONIS

PRÆCURSOR,

VITÆ ASPERRIMÆ

SECTATOR.

NOVOS IN VINEAM DOMINI OPERARIOS

EXCEPIT, SOCIAVIT :

ACUTIS DIU PROBATUS MORBIS,

CASTUS, SIMPLEX, FIDELIS,

OBIIT IN DOMINO,

DIE XIII JULII, ANNO M. DCC. III.

FIN.